Inhalt

Vermögens-Controlling - Stiftungsmanagement mit konsistenten Zahlen

Kernthesen

Beitrag

Fallbeispiele

Weiterführende Literatur

Impressum

Vermögens-Controlling - Stiftungsmanagement mit konsistenten Zahlen

Robert Reuter

Kernthesen

- Jedes Jahr werden in Deutschland einige hundert Stiftungen gegründet.
- Wegen der niedrigen Zinsen haben es Stiftungen allerdings immer schwerer, die für ihre Förderaktivitäten notwendigen Erträge zu erzielen.
- Vermögens-Controlling kann dabei helfen, auf dem schmalen Grad zwischen Vermögenssicherung und Renditestreben Fehltritte zu vermeiden.

Beitrag

Imagegewinn durch unternehmensnahe Stiftungen

Nach Angaben des Bundesverbandes Deutscher Stiftungen sind in Deutschland fast 20 000 Stiftungen aktiv. Ein großer Teil der Stiftungen ist als gemeinnützig anerkannt und verfolgt Ziele, die dem Gemeinwohl dienen. Eine andere Art Stiftung sind solche, die etwa das Vermögen einer Familie dauerhaft sichern sollen. Stiftungen sind darum auch für Unternehmerfamilien interessant, denn durch die Gründung einer unternehmensnahen Stiftung lässt sich die Versorgung der Familie oder anderer Personen ebenso erreichen wie eine langfristige Bestimmung über das Schicksal des Familienunternehmens und die Verwendung des Vermögens. Verfolgt die Stiftung darüber hinaus gemeinnützige Ziele, profitiert das Unternehmen von der hohen Glaubwürdigkeit und dem hervorragenden Image dieser Rechtsform. (1)

Breit gefächertes Aufgabenfeld für das Controlling

Die Controlling-Variante, die sich explizit auf die Verwaltung und Kontrolle von Stiftungsgeldern richtet, ist das Vermögens-Controlling. Dieses wacht über die Einhaltung der Anlagerichtlinien ebenso wie über Ausgaben und Erträge. Ein strenges Controlling wird heute auch für Stiftungen deshalb immer wichtiger, weil diese es wegen der überall brachliegenden Zinssätze immer schwerer haben, die für ihre Fördertätigkeiten notwendigen Erträge zu erzielen.

Dem Controller obliegt darum zuerst die Aufgabe, stichhaltig zu ermitteln, welche Rendite mit dem Stiftungskapital nach Kosten, Steuern und Inflation erwirtschaftet wird. Zugleich kommt ihm bei der Verwaltung des Stiftungsvermögens die Verantwortung zu, mögliche Verlustrisiken auszumachen. Im Vergleich mit der Rolle des Controllings im Wirtschaftsunternehmen hält der Vermögens-Controller damit weit mehr Verantwortung in den Händen als der Kollege in der Firma. Ob der Controller diese Aufgabenfülle tatsächlich erhält, ist allerdings eine Entscheidung der Stifter.

Am Anfang eines konsistenten Vermögens-Controllings steht die Analyse des gesamten Stiftungsvermögens und dessen Zusammensetzung. Hierfür werden alle Vermögenswerte systematisch in einer speziellen Analysesoftware erfasst und nach Anlageklassen, Regionen, Branchen und anderen Kategorien sortiert. Erst auf der Grundlage einer solchen transparenten Aufstellung ist es möglich, sich einen Überblick über die Risikozusammensetzung des Gesamtvermögens zu verschaffen und Aussagen über die zu erwartende Rendite zu treffen.

Auch die Bewertung der laufenden finanziellen Transaktionen dient dem Ziel, Klarheit über die mögliche Renditeentwicklung zu erreichen. Anzustreben sind für den Controller lückenlos nachvollziehbare Vermögenspositionen von der Anschaffung bis zur Veräußerung. Ein weiteres Tätigkeitsfeld ist die Liquiditätsplanung. Das Vermögens-Controlling muss sicherstellen, dass Liquiditätsengpässe gar nicht erst auftreten, denn Notverkäufe sind meist teuer. (1), (2)

Unabhängigkeit vom Unternehmen

Neben der Schaffung von Transparenz bei der Anwendung der Stiftungsgelder obliegt dem Vermögens-Controlling die - insbesondere bei gemeinnützigen Stiftungen - diffizile Aufgabe, das Stiftungsmanagement möglichst unabhängig vom verbundenen Unternehmen aufzustellen.
Anderenfalls drohen Irritationen in der öffentlichen Wahrnehmung, denn keinesfalls darf der Eindruck entstehen, dass die Stiftung zum finanziellen Nutzen

der Firma arbeitet. Auch die Schaffung größtmöglicher Transparenz geschieht daher zum Zweck einer positiven Außenwirkung. Die Dokumentation der ordnungsgemäßen Verwendung von Stiftungsvermögen ist daher ein besonders wichtiger Bestandteil eines professionellen Vermögens-Controllings. (1), (2)

Trends

Family Offices sind im Kommen

Neben der Errichtung von Stiftungen gewinnt eine weitere Organisationsform für die Verwaltung privater Großvermögen immer mehr an Attraktivität. So genannte Family Offices bezeichnen entweder die Vermögensverwalter einer Bank oder auch familieneigene Gesellschaften, die sich um die Mehrung und den Erhalt etwa von Familienvermögen kümmern. Der hierzulande kaum geläufige Begriff Family Office beinhaltet damit grundsätzlich solche Dienstleistungen, die in Deutschland gemeinhin mit den Begriffen Private Banking oder Vermögensverwaltung bezeichnet werden. Family Offices können entweder als Single Family Office exklusiv für eine vermögende Familie oder als Multi Family Office für mehrere begüterte Familien arbeiten.

Wie die hier behandelten unternehmensnahen Stiftungen stehen auch Family Offices vor der Aufgabe, die Verwaltung von Fremdvermögen transparent und nachvollziehbar vorzunehmen. Vermögens-Controlling ist daher ein wichtiges Thema auch für die externen Finanzdienstleister vermögender Familien und Privatunternehmer.

Gesteigert wird die Attraktivität der Family Offices derzeit durch die schwierige Lage der Stiftungen. Immer mehr Stiftungen geraten in finanzielle Nöte, weil sie kaum noch Möglichkeiten finden, das Stiftungskapital zu auskömmlichen Zinssätzen anzulegen und so die für ihre Förderaktivitäten notwendigen Renditen zu erzielen. Von dieser Schieflage profitieren die Family Offices, da sie oft Anlagestrategien anbieten können, über die die Stiftungen und deren Bankpartner nicht verfügen. Gleichwohl steht die Zuhilfenahme von Family-Office-Dienstleistungen in Deutschland immer noch am Anfang. Schätzungsweise sind es weltweit 4 000 Firmen, die Family-Office-Dienstleistungen anbieten, in Deutschland sind es nur einige hundert - die noch dazu häufig als Ein- oder Zwei-Mann-Büros daher kommen. Der Kreis der renommierten Family Offices, die wohlhabenden Familien, aber auch Verbänden und Stiftungen in Finanzfragen zur Seite stehen, umfasst hierzulande etwa zwei Dutzend. Prominente

Anbieter sind Berenberg Private Capital, HSBC Trinkaus und Oppenheim Vermögenstreuhand. (3), (6)

Fallbeispiele

Sparkassen raten zu Vermögens-Controlling

Besonders aktiv im Bereich Stiftungsgründungen sind die Sparkassen und ihre Partnerunternehmen. Insgesamt haben die Unternehmen der Sparkassen-Finanzgruppe 730 Stiftungen gegründet, die über ein Gesamtkapital von 2,07 Milliarden Euro verfügen.

Zugleich sind Stiftungen aber auch Kunden von Sparkassen. Die Geldinstitute stehen den Stiftungen dabei auch mit ihrem Know-how in der Vermögensverwaltung und im Vermögens-Controlling zur Seite. Auch die Sparkassen raten den Stiftungen dazu, für eine transparente Vermögensstruktur zu sorgen, denn die Aufteilung der angelegten Gelder in Länder, Währungen und Anlageklassen helfe dabei, das Verlustrisiko zu reduzieren. Nach Erfahrungen beispielsweise der Stadtsparkasse München wird dem Stiftungszweck mit absoluten Ertragszielen, die sich am Budget der

Stiftung orientieren, meist besser entsprochen als mit einer reinen Performancebetrachtung. Zudem empfiehlt das Geldinstitut die Implementierung eines Vermögens-Controllings und die stetige Überwachung der Anlagerichtlinien.

Wie die Hamburger Sparkasse berichtet, vertrauen Unternehmer, Erben und vermögende Privatpersonen das Management ihrer geplanten Stiftung immer häufiger einer Sparkasse an. Die stiftungswilligen Kunden übertragen ihr ohnehin bei der Sparkasse angelegtes Vermögen dann auf eine Stiftung, die von der Sparkasse verwaltet wird. Auch wenn es dem Geist des Stiftergedankens widerspricht, kann man auch hier durchaus von einem wachsenden Markt sprechen. Geht es mit dem Tempo bei den Stiftungsgründungen weiter wie in den letzten Jahren, könnte sich die Zahl von derzeit fast 20 000 Stiftungen in Deutschland bis 2050 verdreifachen. (4), (5), (7)

Weiterführende Literatur

(1) Vertrauen ist gut, Kontrolle ist besser Praktisches Vermögenscontrolling von unternehmensnahen Stiftungen
aus Die Stiftung, Heft Sonderausgabe „Familienunternehmen & Stiftung"/2012, S. 50-51

(2) Vermögenscontrolling für Stiftungen Regelmäßige Überprüfung der Anlagestrategie ist unerlässlich
aus Die Stiftung, Heft 05/2009, S. 36-37

(3) Erstklassige Dienstleister können Mehrwert für Family Offices schaffen Qualität und Verlässlichkeit sind bei der Auswahl entscheidend
aus Börsen-Zeitung, 19.05.2012, Nummer 96, Seite B14

(4) Stiftung als Zweit- oder Parallelkarriere - ein Beispiel / Warum sich Manager als Sozialunternehmer eignen
aus Vermögen und Steuern 06 vom 01.06.2012 Seite 024

(5) Stadtsparkasse München rät zu Vermögenscontrolling Anlagerisiken müssen vermieden werden
aus Die SparkassenZeitung, 05.04.2012, Nr. 14, S. 10

(6) Wenn der „Geldflüsterer" einen Tipp hat Family Offices helfen Stiftungen bei ihrer Finanzierung
aus Die Stiftung, Heft Sonderausgabe „Familienunternehmen & Stiftung"/2012, S. 44-46

(7) Die Hamburger Sparkasse setzt beim Stiftungsmanagement auf ein Expertenteam mit internen und externen Mitarbeitern Es gilt, das Vermögen im Haus zu halten
aus Die SparkassenZeitung, 05.04.2012, Nr. 14, S. 10

Impressum

Vermögens-Controlling - Stiftungsmanagement mit konsistenten Zahlen

Bibliografische Information der deutschen Nationalbibliothek

Die Deutsche Nationalbibliothek verzeichnet diese Publikation in der deutschen Nationalbibliografie; detaillierte bibliografische Daten sind im Internet über http://dnb.d-nb.de abrufbar.

ISBN: 978-3-7379-0107-9

© 2015 GBI-Genios Deutsche Wirtschaftsdatenbank GmbH, Freischützstraße 96, 81927 München, www.genios.de

Alle Rechte vorbehalten. Dieses Werk ist einschließlich aller seiner Teile – z.B. Texte, Tabellen und Grafiken - urheberrechtlich geschützt. Jede Verwertung außerhalb der Grenzen des Urheberrechtsgesetzes bedarf der vorherigen Zustimmung des Verlags. Dies gilt insbesondere auch für auszugsweise Nachdrucke, fotomechanische

Vervielfältigungen (Fotokopie/Mikroskopie), Übersetzungen, Auswertungen durch Datenbanken oder ähnliche Einrichtungen und die Einspeicherung und Verarbeitung in elektronischen Systemen.